Großartige
DINGE DIE MAN IM RUHESTAND TUN KANN

CECCO FERRO

Inhaltsverzeichnis

EIN BESUCH AUF DEN STÄDTISCHEN BAUSTELLEN 5

MAN KOCHT MIT STIL VON ZU HAUSE AUS UND TRÄUMT VON MASTERCHEF 12

DER NEUE TISCH-SPORT: BURACO 18

DU GEHST AUF DIE TANZFLÄCHE, UM DIE BELIEBTESTEN TÄNZE MIT LEIDENSCHAFT UND SPASS ZU ENTDECKEN 22

JÄGER, FISCHER ODER PFLÜCKER 28

SPORT UND WOHLBEFINDEN 31

ERREICHE DEINE ZIELE 40

ICH GEBE ALLES AUF UND GEHE INS AUSLAND 48

TRAUMHAFTE REISEZIELE 57

EINE LANGSAME LEIDENSCHAFT 70

TECHNO-GROSSELTERN 77

WARUM DENN NICHT? 87

MACH'S WIE WIM 94

BESORG DIR EIN WOHNMOBIL 99

FRIEDE SEI MIT DIR ODER DEINEM SPIEGEL 103

DAS SCHÖNE AM GROSSELTERNDASEIN: ENKELKINDER 116

EIN INTERESSANTES HOBBY: DER VOGELBEOBACHTER -
BIRDWATCHING 121

BAUE DEINEN EIGENEN DRACHEN 129

GROSSARTIGE DINGE IM RUHESTAND

CECCO FERRO © 2021 – Alle Rechte sind dem Autor vorbehalten, kein Teil dieses Buches darf daher ohne vorherige Zustimmung des Autors vervielfältigt werden.

Kein Teil dieses Dokuments darf in irgendeiner Form reproduziert, vervielfältigt oder übertragen werden, weder digital noch in Papierform. Die Weitergabe dieser Publikation ist strengstens untersagt und jede Verwertung dieses Dokuments ist ohne vorherige schriftliche Zustimmung des Herausgebers unzulässig. Alle Rechte vorbehalten.

Ein Besuch auf den städtischen Baustellen

Zu leben ist die seltenste Sache der Welt. Die meisten Menschen existieren, das ist alles.

(Oscar Wilde)

Das erste Kapitel dieses Buches wurde dank

einer völlig ironischen Episode geboren. Als ich ein Kind war, konnte ich oft die älteren Menschen im Ruhestand sehen, die beobachteten, wie sie die verschiedenen Bauarbeiten fortsetzten, und ehrlich gesagt konnte ich nicht verstehen, was sie so schön fanden, zum Glück haben sich die Zeiten geändert und der Besuch in den Höfen kann ein bisschen „anachronistisch" klingen. Aber zurück zu der ironischen Episode, vor fast einem Jahr ging mein Vater in den Ruhestand, meine Mutter geriet etwa sechs Monate vor diesem Datum in Panik. Sie war so ängstlich geworden, dass ich sie kaum noch ertragen konnte, also fragte ich sie eines Tages, warum sie das alles als Problem empfindet. Sie antwortete mir, dass sie sich Sorgen um meinen Vater mache und Angst habe, dass er, wenn er nicht mehr arbeiten gehe, in gewisser Weise schneller altern würde, weil ihm die Reize fehlten, und dann wolle sie ihn nicht den ganzen Tag zu Hause vorfinden, weil sie nach Jahren als Hausfrau ihre Routine und ihre Freiräume habe, die mit der Pensionierung meines Vaters durcheinander gebracht würden.

Ich möchte eine kleine Vorbemerkung machen: Ich bin ein Einzelkind und oft ist das eine schlechte und eine gute Sache zugleich, weil ich mit meiner einzigen Kraft mit meiner Mutter argumentieren musste, während mein Vater, ohne etwas zu bemerken, die roten Kreuze im Kalender machte. Mein Vater hatte nicht viele Hobbys, seine Arbeit absorbierte all seine Energien, und am Abend brach er nach ein bisschen Fernsehen oder ein paar Seiten eines Buches auf dem Sofa zusammen. Am Wochenende war alles ein wenig anders, da er im Sommer mit dem Mähen des Rasens beschäftigt war, kleine Reparaturen rund ums Haus oder andere Aufgaben erledigte, aber mehr nicht, am Montag nahm er dann die Routine wieder auf.

Das Problem war eben, dass, wenn sich der Alltag ändert und man nicht mehr den Wecker stellen muss, man einen Plan haben muss. Und so kam ich auf den Ruhestandsplan für Papa, ich hatte eine Reihe von lustigen Aktivitäten geplant, die man sowohl allein als auch zu zweit machen konnte, ganz zu schweigen von einigen tollen Reisen.

Einen Monat vor der schicksalhaften Verabredung stellte er im Scherz mit meiner Mutter die Hypothese eines Lebens im Ausland auf, und ich muss zugeben, dass ich die beiden von der Art, wie er darüber sprach, schon im Flugzeug sehen konnte, aber dann hielt das Problem der Sprache und der Entfernung sie auf. Bei der Ruhestandsfeier gab ich ihm mein Buch (damals war es nur ein Bündel von Fotokopien, aber es ist cooler, es ein Buch zu nennen), mit vielen Ideen und Aktivitäten zu tun. Meine Recherche war von Anfang an ironisch angelegt, aber dann habe ich gesehen, dass es wirklich funktioniert, und von da an habe ich beschlossen, daraus dieses Buch zu machen und nicht nur ein Bündel von Fotokopien.

Ich glaube, wenn man in den Ruhestand geht, hat man ein großes Ziel erreicht, das aus Opfern, frühem Aufstehen, Verzicht besteht, und aus Hobbys, die immer wieder auf die lange Bank geschoben werden, weil die Anforderungen des Lebens und der Familie einen dazu drängen. Für mich bedeutet das Erreichen dieses Ziels nicht, mit einer Decke im Sessel zu sitzen und mit der Katze zu kuscheln. Was mich betrifft, so liebe ich auch Katzen und Hunde, aber ich bin überzeugt, dass viele von euch meine Gedanken verstanden haben: Dank dieses Ziels gewinnt man etwas, was viele Jahre lang gefehlt hat, und das ist Zeit für sich selbst.

Endlich verfügt man über eine wertvolle Ressource, um das zu tun, was man am liebsten tut. Man muss seinem Alter keine Grenzen setzen, sich alt zu fühlen entsteht in unserem Kopf, in dieser Hinsicht glaube ich, dass Jahre nur eine Zahl sein können, wenn wir es wollen, es gibt unendlich viele Dinge, die man lernen und experimentieren kann, man muss es nur wollen und wenn man eine Katze hat, kann man sie immer mitbringen!

Spaß beiseite, dieses Buch wurde aus einem familiären Bedürfnis heraus geboren und auch als Ideenquelle für meinen Vater. Dann eines Tages wies ein Freund von mir darauf hin, dass meine Idee „nett und niedlich" sei, das waren seine Worte, und schlug vor, dass ich es veröffentliche, und hier sind wir, jetzt hat es dich erreicht, der du liest. Ich hoffe, dass es dir ein Lächeln ins Gesicht zaubert oder dir Ideen gibt, was du tun kannst. Ach, wenn du es nicht „nett und niedlich" findest, kannst du es mir immer sagen.

Eine lächelnde Umarmung für dich und die

Katze, oops! Viel Spaß beim Lesen.

PS. Ursprünglich hatte ich eine kleine Karte für Baustellen in verschiedenen Städten geplant, habe dann aber beschlossen, dass das keine gute Idee ist, ich fühlte mich an die alten „Wächter" aus meiner Kindheit erinnert, dafür blieb der Titel... verzeih mir.

Man kocht mit Stil von zu Hause aus und träumt von Masterchef

Lerne das Kochen, probiere neue Rezepte aus, lerne aus deinen Fehlern, habe keine Angst, aber vor allem viel Spaß.

(Julia Child)

Kochen ist Leidenschaft und Gesundheit und

deshalb habe ich es unter den Aktivitäten, die im Ruhestand zu tun sind. Während des Arbeitslebens die meisten von uns wegen der Hektik oder familiären Verpflichtungen haben sich in Eile oder mit wenig Geschmack zu essen, was für eine bessere Zeit als jetzt, um wieder in Kontakt mit dieser Leidenschaft zu bekommen, um sich in gewissem Sinne an den Herd zu setzen?

Man sagt, wir sind, was wir essen - und da ist viel Wahres dran. Eine gesunde Ernährung hat einen großen Einfluss auf die Funktion des Körpers in allen Aspekten. Deshalb zahlt es sich im Ruhestand aus, gut zu essen und auf seine Essgewohnheiten zu achten. Mit den Jahren steigt das Risiko für viele Krankheiten und die Ernährung kann fast wie Medizin wirken. Es gibt viele interessante Ernährungspläne, so dass man mit Spaß gesunde Gerichte kochen kann.

Kochen ist gut für uns, das wissen wir schon seit

dem Altertum. Sich selbst an den Herd zu setzen ist ein wertvolles Hilfsmittel, um die Biochemie des Körpers ins Gleichgewicht zu bringen, ich spreche von der Balance zwischen Dopamin, Serotonin und Oxytocin. Kurz gesagt, wenn diese drei im Gleichgewicht sind, geht es uns gut und wir sind gelassener und fröhlicher.

Kochen, insbesondere selbstgemachtes Brot oder Nudeln, hilft, Ängste abzubauen. Der gesamte Prozess vom Kneten bis zum Kochen fördert die Entwicklung von angenehmen Gefühlen, die dadurch verstärkt werden, dass man anschließend mit anderen teilt, was man zubereitet hat. Der Geist und die Seele entspannen sich dank der Tatsache, dass wir uns einer Tätigkeit widmen, die wir mit Leidenschaft betreiben.

Kochen regt auch die Kreativität und Neugierde an, die uns antreibt, etwas Neues auszuprobieren oder etwas Bekanntes zu perfektionieren. Man kann es mit einer echten

Kunstform vergleichen, in der man nach Theorie und Studium seinem kreativen Erfindungsreichtum freien Lauf lassen kann.

Es ist kein Hobby, das man in der Einsamkeit in den eigenen vier Wänden pflegt. Jede Stadt, aber auch die Länder organisieren verschiedene Kurse, in denen verschiedene Aspekte des Kochens vertieft werden, vom Gebäck bis hin zu den raffiniertesten Techniken. Das Kochen mit anderen regt auch die sozialen Beziehungen an und drängt uns, neue Bindungen und interessante Freundschaften zu schaffen!

Für andere und mit anderen zu kochen ist wichtig, es schafft spielerische Bindungen, in denen man wieder zum Kind werden kann, indem man herumspielt und etwas Schönes erschafft. Kochen offenbart auch Aspekte unseres Charakters und hilft uns, besser zu verstehen, wer wir sind. Frag dich doch mal, ob du ein methodischer Mensch bist, der ein Rezept

Schritt für Schritt befolgt, oder ob du gerne das Menü umstürzt?

Ihr könntet euch alleine oder zu zweit zu einem Kurs anmelden. Einige sagen, dass ein eingespieltes Paar in der Küche geprüft wird, es ist sicherlich eine gute Möglichkeit, sich selbst zu testen! Mein Vater hat sich in diesem Teil des Weges in einen Konditorkurs angemeldet, als guter Vielfraß wollte er lernen, wie man Süßigkeiten herstellt und nun liegt der Teil des Menüs der Desserts des Hauses immer bei ihm, mit der Zustimmung meiner Mutter, die ihn auch dazu bringt, die Küche danach zu reinigen!

Eh, die Ehe ist bekannt für Freud und Leid, aber das ist eine andere Geschichte...

Es gibt viele Kurse, nicht nur für diejenigen, die bereits kochen können und ihre Kochkünste verbessern wollen, sondern auch für Anfänger.

Auf jeden Fall empfehle ich den Mutigsten unter euch, sich selbst zu testen, es gibt heute viele Wettbewerbe und einer der berühmtesten ist sicherlich Masterchef, warum stellt ihr euch nicht mit euren Fähigkeiten auf die Probe? Gebt niemals auf, vor allem nicht in der Küche!

Der neue Tisch-Sport: Buraco

Die Art und Weise, wie Menschen spielen, zeigt etwas über ihren Charakter. Die Art und Weise, wie sie verlieren, zeigt es in vollem Umfang.

(Harvey B. Mackay)

Ich habe bei meinen Recherchen ein ziemlich

faszinierendes Kartenspiel entdeckt, nämlich Buraco. Es handelt sich um ein Kartenspiel, bei dem die Spieler paarweise gegeneinander antreten, wobei Decks mit französischen Karten ohne Ausnahme von Jokern verwendet werden. Obwohl es ein in den letzten Jahren sehr angesagter Tisch-Sport ist, begann seine Verbreitung in den 40er Jahren von Uruguay aus und kam erst in den 80er Jahren zu uns, mitgebracht von südamerikanischen Einwanderern.

Kartenspielen erweist sich als hervorragendes Training für den Geist, denn man muss sich das Spiel und die Techniken einprägen und gleichzeitig seine eigene Strategie entwickeln. Es ist ein guter Weg, um deine Zeit zu beschäftigen und gleichzeitig eine gute soziale Kompetenz zu entwickeln. Sobald du das Spiel beherrschst, kannst du auch mit deiner Familie Spaß haben, besonders an Feiertagen und anderen Anlässen.

In jeder Stadt, aber auch in kleineren Orten, haben sich mehrere Gruppen älterer Menschen gebildet, die sich zwei- bis dreimal in der Woche zum Buraco-Spielen treffen. In jedem Fall ist das Spiel gesund, wenn es nicht zur Obsession. Es muss als ein Moment des reinen Spaßes und der Unterhaltung erlebt werden, der es erlaubt, sich zu entspannen, mehr jedoch nicht.

Ein weiterer negativer Aspekt ist die Sesshaftigkeit und deshalb empfehle ich, sich nicht jeden Tag mit seinen Freunden zum Spielen zu treffen, weil man riskiert, sesshaft zu werden. Es ist besser, die Aktivitäten und Interessen immer zu variieren. Auch wenn viele von euch technologieorientierte Großeltern sind, rate ich euch, euch von Online-Spielen fernzuhalten. Vor dem Computer zu sitzen und zu spielen, erhöht nicht nur die Sesshaftigkeit, sondern auch die soziale Isolierung.

Mein Vater hat keine Zeit verschwendet, er kannte dieses Spiel nicht und in kurzer Zeit hat er es lieb gewonnen, er spielt es zwei Tage in der Woche mit einer Gruppe von Freunden, sie fordern sich drei oder vier Stunden lang gegenseitig heraus. Wenn er gewinnt, kommt er im Rocky-Style nach Hause, aber wenn er verliert, lasse ich euch raten... auf jeden Fall ist sein Terminkalender voll mit Aktivitäten und im Moment amüsiert ihn die Tatsache, dass er im Ruhestand ist, wie verrückt. Wer hätte das gedacht!

Außerdem finde ich es schön, wenn man sich neue Hobbys zulegen kann, weil sie den Geist anregen und die Kontaktfreudigkeit erhöhen. Und dann beim Spielen hat man die Chance, wieder zum Kind zu werden, und durch das Erlernen neuer Techniken kann man auch mit seinem Partner trainieren, besonders wenn es draußen kalt ist!

Du gehst auf die Tanzfläche, um die beliebtesten Tänze mit Leidenschaft und Spaß zu entdecken

Das Geheimnis des Erfolges im Leben ist, dass man seine Berufung zu seinem Spaß macht.

(Mark Twain)

Ich möchte diese Etappe mit einem Zitat von Charles Baudelaire beginnen, der behauptete, ein Weg, die Geheimnisse der Musik zu enthüllen, sei, sie durch den Tanz zu kanalisieren. Tanzen ist zeitlos, man kann diese Leidenschaft in jungen Jahren kultivieren oder mit 60 Jahren angehen, Fakt ist, wenn wir schon immer auf Musik stehen, wäre es schade, diese nicht zu nutzen.

Die Vorteile des Tanzens sind zahlreich und betreffen nicht nur das körperliche, sondern auch das geistige Wohlbefinden. Diejenigen, die einen Tanzkurs besuchen, sehen, wie sich ihr Gleichgewicht nach und nach verbessert, und das ist ein wichtiger Aspekt, wenn man älter ist. In diesem Lebensabschnitt ist es schön, sich den eigenen Leidenschaften widmen zu können oder, warum nicht, eine zu entdecken, an die man nie gedacht hätte.

Tanzen hilft, sich zu lockern, durch den Rhythmus werden die Bewegungen flüssiger und die Stimmung verbessert sich. Es ist eine tolle Möglichkeit, wieder in Form zu kommen oder ein paar zusätzliche Pfunde zu verlieren. Ganz zu schweigen von den Vorteilen, die sich daraus ergeben. Es ist ein großartiger Weg, um wieder in Form zu kommen oder ein paar zusätzliche Pfunde zu verlieren. Ganz zu schweigen von den Vorteilen, die ihr durch das Tanzen als Paar erhaltet. Es ist eine großartige Möglichkeit, um in Form zu kommen oder ein paar zusätzliche Pfunde zu verlieren. Ganz zu schweigen von den Vorteilen, die man als Paar hat. Es ist ein bisschen wie beim Kochen: Um einen Schritt oder einen Kuchen gut zu machen, muss man ein gewisses Feeling haben!

Die Vorteile für den Körper liegen nicht nur im Gleichgewicht, auch das Herz profitiert, weil sich der Kreislauf durch die Bewegung verbessert. Viele Untersuchungen, die zum

Thema Tanz durchgeführt wurden, haben gezeigt, dass ältere Menschen weniger Schmerzen haben, wenn sie Aktivitäten ausüben, die Bewegung erfordern. Dann ist es eine Zeit, in der wir uns dem Lernen von etwas Neuem widmen können, indem wir Stress oder Gedanken abbauen, auch in Anbetracht dessen, dass es die gute Stimmung fördert.

Wenn unser Partner kein Interesse am Tanzen hat, können wir jederzeit einen Tanzkurs besuchen: Hier kann man gemeinsam Spaß haben und sein Bekanntschaftsnetzwerk erweitern.

Der schlimmste Alptraum, wenn man alt wird, ist das Risiko, an Altersdemenz zu erkranken. Durch das Tanzen wird dieses Risiko stark reduziert, da nicht nur der Körper in Bewegung ist, sondern auch der Geist, durch die Förderung der kognitiven Fähigkeiten kann man das Gespenst dieser Krankheiten fernhalten.

Bisher habe ich einige der Vorteile erwähnt, die die Teilnahme an einem Tanzkurs mit sich bringt. Jetzt ist es an der Zeit, herauszufinden, welcher davon sozusagen der beste ist. Neben Paartänzen wie Walzer, Tango oder Latein empfehle ich euch auch einzelne Genres wie Tanztherapie oder Modern Dance, bei denen ihr in einer Gruppe tanzt und nicht unbedingt einen festen Partner braucht.

Auch hier ist es ratsam, zwei bis drei Kurse pro Woche zu absolvieren und wie man schon sieht, nimmt euer Zeitplan immer mehr Form an. Versucht, euch allmählich heranzutasten: Wenn ihr bis gestern ein sitzendes Leben geführt habt, könnt ihr keine intensiven Tanzsessions einschieben!

Bevor ich zum nächsten Kapitel übergehe, möchte ich darauf hinweisen, dass der Herr auf dem Bild nicht mein Vater ist, aber ich gestehe, dass es mir nichts ausmachen würde, ihn so gekleidet zu sehen. Denn gemeinsam lachen und

Spaß haben ist das Beste, was man im Leben tun kann!

Jäger, Fischer oder Pflücker

Ein Hobby am Tag hält den Trübsinn fern.

(Phyllis McGinley)

Was soll man sonst sagen, außer dass wir ein Volk von Jägern, Fischern oder Pflücker sind? Offensichtlich ist der Titel ironisch gemeint, ich dachte daran, als ich meiner Mutter diese neue

Tätigkeit definierte. Ihr müsst wissen, dass mein Vater, seit er ein kleiner Junge war, immer gerne angeln gegangen ist. Mit der Heirat, der Arbeit und den familiären Verpflichtungen wurde diese Leidenschaft auf einen Schrank beschränkt und ich habe ihn nur sehr selten gesehen, wie er sich ihr gewidmet hat.

Eine Tätigkeit, die ich sehr entspannend finde, ist die Pflege eines kleinen Gemüsegartens. Auch wenn es in Worten einfach erscheinen mag, kann ich euch garantieren, dass es nicht so ist: Einen kleinen Gemüsegarten zu haben, erfordert Leidenschaft, Engagement und Wissen, aber die Ergebnisse und die Befriedigung, ein Produkt der Erde, das von uns angebaut wurde, wachsen zu sehen, ist unbezahlbar. Wenn wir keinen Garten haben, ist es möglich, unsere Gemeinde um ein kleines Stück Land zu bitten, das von der Gemeinschaft genutzt werden kann, wenn es nicht bereits ein Grundstück für diesen Zweck gibt.

Wie ihr vielleicht schon vermutet habt, ist es wichtig, seine Zeit mit interessanten und anregenden Aktivitäten zu füllen, denn wenn ich eines festgestellt habe (und das sagen auch viele Untersuchungen), dann ist es, dass man nicht altert, solange der Kopf beschäftigt und jung bleibt. Zeit zu haben, um seinen Leidenschaften und Träumen nachzugehen, ist eine wirklich tolle Sache!

Sport und Wohlbefinden

Die alten Weisen sagen uns, dass der menschliche Körper sich mit Glück im Gleichgewicht hält, und jedes Mal, wenn dies fehlt, entstehen Störungen und Krankheiten: Glück ist das Gleichgewicht des Universums.

(Romano Battaglia)

Sport treiben ist gut für uns, das sagen alle

Experten und Nicht-Experten, sicher ist meiner Meinung nach, dass ein wenig körperliche Aktivität die Lebensqualität verbessert. Wenn man ein sitzendes Leben führt, begünstigt man in gewissem Sinne den Alterungsprozess, im Gegenteil, wenn man Sport treibt, kann man ihn verlangsamen.

Es gibt zahlreiche Forschungen, in denen die Produktion von Stammzellen durch vermehrte Bewegung hervorgehoben wurde. Wenn es wichtig ist, sich zu bewegen, stellt sich auch die Frage, welche Aktivität bevorzugt wird oder ob es einige gibt, die besser geeignet sind. Schon 90 Minuten pro Woche reichen aus, um diese wichtigen Veränderungen im Körper zu fördern. Sport hält uns nicht nur fit und gesund, sondern hilft uns auch, unser Gedächtnis zu trainieren, eine wertvolle Hilfe also, um den Geist jung zu halten.

Wenn wir mit einer Sportart beginnen wollen, müssen wir unseren anfänglichen

Gesundheitszustand berücksichtigen. Ob wir ein sitzendes oder ein aktiveres Leben geführt haben, es ist wichtig, schrittweise vorzugehen, ohne es zu übertreiben. Die gewählte Tätigkeit muss uns Nutzen und keine Probleme bringen.

Die Häufigkeit, mit der man üben sollte, ist ein weiterer Diskussionspunkt, wobei Experten vorschlagen, dass man nicht mehr als zwei Sitzungen pro Woche machen sollte. Man muss auch die Tatsache berücksichtigen, dass zu diesem Zeitpunkt euer Zeitplan anfängt, sehr voll zu werden, mit verschiedenen Verpflichtungen und Unterhaltung! Schauen wir uns im Detail an, welche körperlichen Aktivitäten am besten geeignet sind:

Der Spaziergang

An erster Stelle steht das Spazierengehen, eine einfache Aktivität, die uns aber in Form halten kann, indem wir den Kontakt mit der Natur nutzen, wenn wir das Glück haben, in ländlichen Gebieten zu leben. Wenn wir sonst in der Stadt wohnen, können wir die öffentlichen Parks nutzen. Es kann auch eine Möglichkeit sein, neue Leute kennenzulernen, indem man Spaziergänge in der Firma organisiert. Nordic Walking, bei dem ein bestimmtes Tempo eingehalten wird und Stöcke verwendet werden, ist derzeit sehr beliebt. Letztendlich ist nicht der verwendete Stil wichtig, sondern die Tatsache, dass wir uns mit dieser Wahl bei uns selbst und bei anderen wohlfühlen.

Sanfte Gymnastik

Sanfte Gymnastik, wie der Begriff schon sagt, ermöglicht es, ein Training mit sanften Bewegungen durchzuführen, auf diese Weise kann man Verletzungen und Muskelrisse stark reduzieren. Ich empfehle, sich in einem Fitnessstudio oder einem Zentrum anzumelden, wo man die Übungen in Gesellschaft anderer und unter dem wachsamen Auge eines Lehrers machen kann, so dass man neben dem Wohlbefinden auch soziale Kontakte knüpfen kann, was nie schadet.

Schwimmen

Für alle, die den Kontakt mit Wasser lieben, empfehle ich Schwimmen. Das Gewicht des Körpers ist im Wasser leichter und das erleichtert die Bewegung erheblich, der Widerstand, den das Wasser beim Schwimmen erzeugt, hilft, die Muskeln zu entspannen und regt gleichzeitig den Kreislauf an.

Yoga und Meditation

Ich persönlich liebe orientalische Disziplinen, zum Beispiel hilft Yoga dabei, sich fit zu halten, indem es den Körper und den Geist entspannt. Es gibt verschiedene Schwierigkeitsgrade und ich empfehle nicht, ein gefährliches Do-it-yourself zu Hause zu machen. Yoga mit einem Lehrer zu machen, ist eine gute Hilfe, um zu verstehen, ob wir die Positionen richtig ausführen oder nicht, zusätzlich zu den üblichen Vorteilen in Bezug auf das Sozialisieren in einer Gruppe.

Meditation ist auch eine Kunst, die es zu

erlernen gilt, weil sie uns erlaubt, das "Hier und Jetzt" wahrzunehmen und mit größerer Bewusstheit zu leben. Die Menschen leben fast nie im gegenwärtigen Moment, sondern sind mit ihren Gedanken entweder in der Vergangenheit oder stellen sich etwas in der Zukunft vor. Meditation hilft uns, dieses größere Bewusstsein für uns selbst in der Gegenwart zu entwickeln.

Glaub nicht jedem, der dir sagt, dass es unmöglich ist
Auf vielen meiner Reisen habe ich ältere Menschen gesehen, die am Strand Beachvolleyball spielen, auf Felswände klettern und vieles mehr. Als ich meinen Freunden auf dem Rückweg davon erzählte, hielten sie mich für verrückt und behaupteten, das sei nicht möglich. Ich bin davon überzeugt, dass es im Leben keine Grenzen gibt, die einzige Grenze kann eine schlechte Gesundheit darstellen, die es uns nicht erlaubt, einige Aktivitäten durchzuführen. Aber im Übrigen, wenn wir

etwas experimentieren wollen, warum nicht?

Viele von euch werden vielleicht sagen: „Es ist nicht schwer, Beachvolleyball zu spielen", natürlich ist es das nicht, aber ich kann euch versichern, dass nicht einmal ich in der Lage gewesen wäre, einen Block oder einen Dunk so perfekt zu machen wie sie!

Meistens sind die Grenzen in unserem Kopf, wir sehen diese Nummer auf dem Ausweis gestempelt und glauben, dass es für uns nicht mehr möglich ist, und wer hat das gesagt? Solange du lieben, experimentieren und dich trauen kannst... nur so wirst du ohne Reue leben!

Erreiche deine Ziele

Die Erfahrung hat mich gelehrt, dass der Mensch, wenn er ein Ziel erreichen will, in sich selbst ungeahnte Ressourcen findet.

(Umberto Veronesi)

Im Leben ist es wichtig, seine Ziele zu erreichen, und ich glaube, dass es keine Grenzen gibt, wenn man sie sich setzt. Vielleicht hast du dich viele Jahre lang abgemüht, aber den Traum von einem Abschluss, einem Diplom, einem Kurs in der Schublade gelassen... Kurz gesagt, du bist nie zu alt zum Lernen!

Es gibt heute viele über 60-Jährige, die sich an traditionellen Universitäten einschreiben. Es ist nichts Falsches daran, etwas Neues lernen zu wollen, all dies stellt eine Herausforderung und ein wichtiges Ziel dar, das sie für sich selbst erreichen wollen.

Diese Wahl ist kein Tabu mehr, der Besuch von Abendkursen oder Universitäten ist nicht an eine Altersgrenze gebunden, tatsächlich würde ich sagen, dass die Teilnahme an einem Kurs mit 60 eine viel bewusstere Entscheidung ist als mit 20. Vielleicht haben wir uns schon immer für

Philosophie begeistert und gibt es eine bessere Gelegenheit, unser Wissen in einem Studiengang zu vertiefen?

In gewissem Sinne kehren die Menschen an den Schreibtisch zurück, um ihren Leidenschaften zu folgen, um auf dem Laufenden zu bleiben und sich auf intellektuellem Niveau weiterzubilden, es gibt diejenigen, die es als Hobby tun, auf jeden Fall gibt es verschiedene Gründe für diese Wahl und jeder von ihnen erlaubt es, mit neuen Reizen wieder ins Spiel zu kommen.

Die Präferenz liegt nicht allein bei den Universitäten. Wie ich schon sagte, gibt es viele Abend- und Nachmittagskurse, die es ermöglichen, das noch ausstehende Diplom zu erwerben, oder etwas zu lernen: eine neue Sprache, zu malen, zu nähen, und vieles mehr. Der Unterricht wird in der Regel entweder von den Gymnasien oder von privaten Einrichtungen organisiert, die mit den verschiedenen Gemeinden des Gebiets zusammenarbeiten.

Das Erlernen einer neuen Sprache ermöglicht es beispielsweise, das eigene Wissen zu erweitern und selbständig ins Ausland zu reisen mit der Gewissheit, andere verstehen zu können.

Der Vorteil des Besuchs der Universität des dritten Lebensalters liegt vor allem in den Kosten, die nicht unerschwinglich sind; in der Regel gibt es eine Einschreibegebühr, die zum Besuch der Kurse berechtigt. Um die Wahrheit zu sagen, heißen sie jetzt „Universitäten der Freizeit" und nicht des dritten Lebensalters, um Kultur und Sozialisation zu fördern.

Es ist möglich, sich im Alter von zwanzig bis neunundneunzig Jahren einzuschreiben, früher gab es ein Mindestalter von vierzig Jahren, aber das gibt es nicht mehr. Die Kompetenz dieser Institute ist regional, auch wenn wir uns in Richtung einer Standardisierung bewegen, die auch staatliche Anreize garantieren kann.

Für diese Art von Universität ist im Gegensatz zu den traditionellen Universitäten kein Diplom oder gar ein Abschluss der achten Klasse erforderlich. Es gibt keine Prüfungen oder Tests, da die Anwesenheit ausreicht. Am Ende des Kurses wird ein Zertifikat ausgestellt, das keinen rechtlichen Wert hat, aber für diejenigen, die teilnehmen, einen hohen moralischen Wert hat.

Nicht zu vergessen all die verschiedenen Möglichkeiten, auszustellen oder zu präsentieren, was man im Laufe des Jahres gemacht hat. Wenn man zum Beispiel einen Malkurs belegt, gibt es die Möglichkeit, seine Arbeiten auszustellen, eine Möglichkeit, sein Talent und seine Leidenschaft anderen mitzuteilen. Das Gleiche gilt für die Musik und viele andere Disziplinen. Die Vorteile, wieder zu studieren, sind wirklich viele, in erster Linie die für das Gehirn, das trainiert bleibt.

Wenn wir Neues lernen, wirken wir der Alterung und damit dem Zellverfall entgegen, der Geist bleibt trainiert und wird ständig stimuliert. Es ist sehr gut, sich mit weniger anspruchsvollen Übungen wie Kreuzworträtseln oder Logikquiz zu beschäftigen, Musik hören entspannt und regt das kreative Denken an. Es ist wichtig, nicht nur aktiv zu sein, sondern auch an verschiedenen Veranstaltungen teilzunehmen, z. B. ins Theater oder ins Konzert zu gehen, und dann ja, viel zu lesen, denn manchmal ist das Eintauchen in ein Buch wirklich ein Allheilmittel. Heute haben wir dank der Technologie keine Ausrede mehr, nicht zu lesen.

Bücher werden nicht nur auf Papier genossen, sondern wir haben sie auch in einer digitalen Version und können sie ständig mitnehmen, ganz zu schweigen von Hörbüchern, bei denen man die Augen schließen kann, um vom Erzähler in die Geschichte versetzt zu werden.

„Alle Menschen träumen. Aber nicht alle Männer

träumen auf die gleiche Weise. Wer nachts in den staubigen Nischen seines Geistes träumt, wacht am Morgen auf und stellt fest, dass seine Träume verschwunden sind. Aber die, die am Tag träumen, sind gefährliche Menschen; denn sie verfolgen ihre Träume mit offenen Augen und lassen sie wahr werden."
(Thomas E. Lawrence)

Die Welt ist nicht auf die vier Wände des Hauses beschränkt, es ist schädlich, in einem Zustand der "Apathie" zu leben, wo das Wort, das oft ausgesprochen wird, lautet: "Ich habe keine Lust". Wenn dies ein flüchtiger Moment ist, kann man es tolerieren, aber wenn es zur Gewohnheit wird, absolut nicht!

Es ist nie zu spät, seinen Horizont zu erweitern. In dieser Hinsicht meldete sich mein Vater zu einem von der Region organisierten Fotokurs für Senioren an, wo er verschiedene Techniken erlernen konnte, die er dann bei jeder Reise oder jedem Ausflug mit meiner Mutter einsetzte…

Setzt dem Wissen niemals Grenzen oder glaubt nie, dass eine Aktivität nichts für euch ist, denn das Schicksal hat immer tausend Möglichkeiten, unsere Meinung zu ändern. Und ich weiß etwas darüber...

Ich gebe alles auf und gehe ins Ausland

Und es gibt nichts Schöneres als den Augenblick vor der Reise, den Augenblick, in dem der Horizont von morgen uns besucht und uns seine Verheißungen mitteilt.

(Milan Kundera)

Sobald das Rentenalter erreicht ist, fangen die Menschen an, darüber zu fantasieren, ob es nicht besser ist, ins Ausland zu flüchten, um die Steuervorteile zu nutzen, die einige Länder bieten. Diese Entscheidung wird von einer günstigeren Perspektive angesichts der niedrigeren Lebenshaltungskosten und der Kaufkraft der Rente angetrieben. Natürlich muss man auf der anderen Seite seine Kinder und Enkelkinder hier lassen, in jedem Fall ist es nie eine einfache oder leichte Entscheidung.

Der Grund, der zu diesen Zielen drängt, ist zweifelsohne der finanzielle. Nicht alle sind weit weg, nur ein paar Flugstunden sind es bis zu den Kanarischen Inseln, den Ländern des Ostens, Marokko und Portugal. Etwas weiter weg, aber immer noch eine gute Wahl, sind Costa Rica und Thailand.

Auf jeden Fall bewegt sie die Aussicht auf ein

würdigeres Leben, in vielen Ländern kann man mit einer Rente ein gutes Leben führen, ohne allzu viele Opfer bringen zu müssen. Eine Rente ist nicht wie ein Gehalt. Wie wir alle wissen, wenn wir im Laufe unseres Lebens nicht aufstocken konnten, beträgt es etwas weniger als unser Gehalt, aber wenn wir Miete und Krankenversorgung bezahlen müssen, beginnt das Geld für „andere Dinge" auszugehen. Und so ist es inakzeptabel, nachdem man ein Leben lang gearbeitet hat, fast nichts mehr tun zu können oder mit dem Schreckgespenst der Zukunft zu leben, für viele Menschen war es keine leichte Entscheidung, aber in gewissem Sinne konnten sie nicht anders handeln.

In Thailand lebt man aufgrund der vielen ethnischen Gruppen, die aus der ganzen Welt kommen, in einer sehr aufgeschlossenen Umgebung. Hier lebt ein Rentner mit einer Mindestrente wie ein Pascha, das Essen ist nicht das Beste und man muss einige Opfer bringen.

Es ist nicht nötig, beim Discounter einkaufen zu gehen, denn mit ein paar Euro kann man sich ein luxuriöses Abendessen in einem Restaurant leisten.

Ein weiteres Ziel ist Spanien und hier insbesondere die Kanarischen Inseln. Ein Vorteil dieser Orte ist zweifellos das Klima, denn es ist immer Frühling, die Gesundheitsfürsorge ist ausgezeichnet, da es eine weit verbreitete Kultur der Generika ist und es gibt nicht einmal die Verschwendung von Medikamenten, weil sie die durch die Verschreibung vorbestimmten gegeben werden.

Der Grund, der zum Umzug drängt, hängt auch mit der Krankenversorgung zusammen, die im Ausland niedriger ist. Nach Rumänien, Malta, Slowenien oder auf die Kanarischen Inseln fährt nicht mehr die obere Mittelschicht auf der Suche nach spezialisierter Krankenversorgung, die im eigenen Land zu teuer wäre, sondern eine durch die Wirtschaftskrise zunehmend verarmte Mittelschicht.

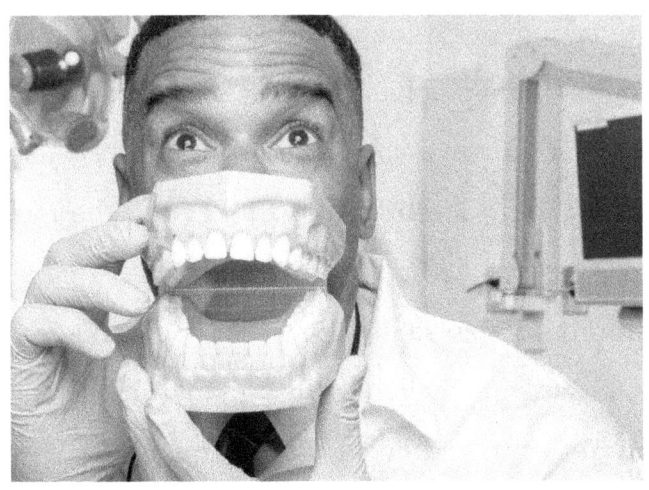

Rumänien ist eines der beliebtesten Reiseziele für Zahnbehandlungen.

Diejenigen, die dauerhaft umziehen wollen, neigen dazu, als Ziel die Kanarischen Inseln wegen zahlreicher Vorteile auf steuerlicher Ebene zu wählen, und dann sind da noch Griechenland, Zypern und Portugal. Mit tausend Euro im Monat kann man in diesen Ländern gut leben und sich diese Leichtigkeit leisten, die in anderen Ländern undenkbar wäre.

Bevor man den Koffer packt, gibt es ein paar Aspekte zu beachten. Die erste betrifft die Verlegung des Wohnsitzes und die zweite die Rente. Wenn das Land, in das wir gehen wollen, Teil der Europäischen Union ist, gibt es keine besonderen Einschränkungen, Länder, die nicht Teil der Union sind, können mehr Anforderungen stellen. Sehen wir uns einige von ihnen an. In Thailand muss man zum Beispiel ein festes monatliches Einkommen von etwa 1500 Euro nachweisen oder ein Bankkonto mit mindestens zwanzigtausend Euro besitzen. In Costa Rica reichen etwa 700, um dort zu leben. Länder wie Marokko oder die Philippinen haben keine Mindestgrenzen für die Einreise, allerdings muss man in jedem Fall ein Einkommen nachweisen.

Wenn man seine Rente ins Ausland übertragen möchte, muss man einen Antrag bei der Rentenversicherung über ein Online-Verfahren stellen. Es ist auch möglich, einen Wohnsitz im Ausland und ein Domizil im eigenen Land zu haben, in diesem Fall muss ein Post- oder Bankkonto angegeben werden. Die Steuervorteile sind von Land zu Land unterschiedlich. Generell gibt es auf den Kanarischen Inseln weniger Abzüge und daher ist die Rente höher, das Gleiche passiert in Portugal, obwohl hier im Gegensatz zu den spanischen Inseln die Leistungen nur zehn Jahre dauern.

Das Leben im Ausland mit einer Rente bietet viele Vorteile, aber man muss berücksichtigen, dass es nicht „alles rosig" ist. Zunächst einmal hat das Land, in das wir gehen, seine eigene Kultur und Traditionen, die in den meisten Fällen nicht mit unseren übereinstimmen, was zu einer gewissen Nostalgie führen kann.

Man muss berücksichtigen, dass sich die Entfernung von den Geliebten in manchen Fällen als ein echtes Hindernis erweist, das zur

Rückkehr in das schöne Land drängt. Die Entscheidung, im Ausland zu leben, muss gut abgewogen werden und vor allem muss man verstehen, ob die Ersparnisse, die man bekommt, den Umzug wert sind, dies auch in Bezug auf die Gesundheit. Wenn ich z. B. in ein Land gehe, in dem die Gesundheitsversorgung nicht so gut ist wie in meinem Herkunftsland, werde ich auf Schwierigkeiten stoßen. Wir dürfen nicht nur auf die Einsparungen schauen, sondern müssen alle Aspekte als Ganzes betrachten.

Sogar mein Vater hat ein paar Monate lang über verschiedene Auslandsziele phantasiert, dann aber aufgegeben. So attraktiv diese Reiseziele auch erscheinen mögen, man muss jedoch bedenken, dass man, wenn man dauerhaft an einem Ort lebt, nicht wie im Urlaub ist und viele Aspekte zu bewerten sind, wie z.B.: das Essen, die Kultur, die Sprache und vor allem die

Entfernung zu den Familien, Kindern und Enkelkindern. Es ist nicht leicht, sich leichten Herzens von seinen Wurzeln zu trennen.

Traumhafte Reiseziele

Es gibt viele unglückliche Menschen, die trotzdem nicht die Initiative ergreifen, um ihre Situation zu ändern, weil sie konditioniert sind durch Sicherheit, Konformismus, Traditionalismus, alle Dinge, die scheinbar den Seelenfrieden sichern, aber in Wirklichkeit gibt es für die abenteuerlustige Seele eines Menschen nichts Vernichtenderes als eine sichere Zukunft. Der wahre Kern des vitalen Geistes eines Menschen ist die Leidenschaft für Abenteuer. Die Freude am Leben kommt aus der Begegnung mit neuen Erfahrungen, und deshalb gibt es keine größere Freude, als einen ständig wechselnden Horizont zu haben, jeden Tag unter einer neuen Sonne zu sein...

(Into the wild)

Das Schönste, was man im Ruhestand tun kann, ist zu reisen. Diese, die ihr unten findet, sind fünf Reiseziele, die ich im Heft, das ich meinem Vater geschenkt habe, aufgenommen habe. Ich habe sie ausgewählt, weil jedes von ihnen ein besonderes Erlebnis bietet. Ich schlage euch fünf davon vor, aber es steht euch frei, andere zu finden, da ihr ja Zeit habt, braucht ihr nur euren Koffer vorzubereiten und auf die Abfahrt zu warten!

1_ Great Blue Hole, Karibik

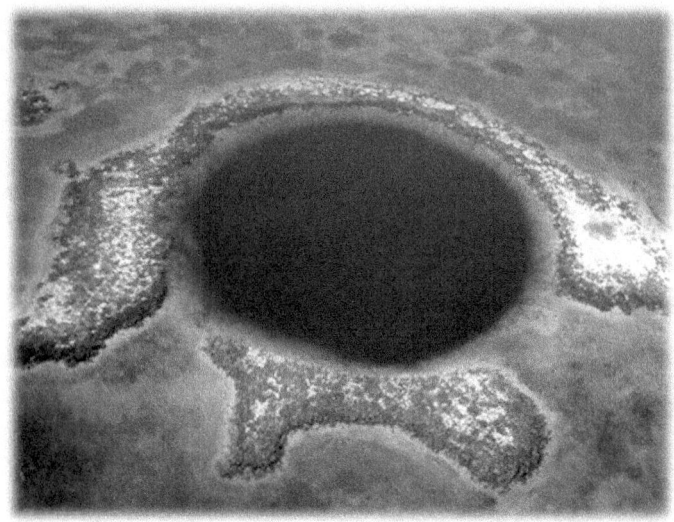

Das erste Ziel liegt an einem märchenhaften Ort: der Karibik. Nach den weißen Stränden und dem klaren Wasser, warum nicht die Erfahrung des Great Blue Hole versuchen. Ich gebe zu, dass es vielleicht nicht für jeden ein Erlebnis ist, aber für diejenigen, die es können, empfehle ich, es nicht zu verpassen.

Das Great Blue Hole ist ein mehr als 120 Meter tiefes Unterwasser-Sinkloch, das sich im Inneren des Atolls Lighthouse Reef befindet. Seine Besonderheit ist durch die kreisförmige Struktur und seine Tiefe gegeben. Es ist sehr alt, da es während der letzten Eiszeit entstanden ist. Es ist einer der schönsten und spektakulärsten Tauchplätze der Welt. Die Landschaft, die sich vor den Augen entfaltet, sobald man eingetaucht ist, ist reich an Stalaktiten, ist eine echte Unterwasserhöhle sehr reich an Fauna einschließlich des Schwarzspitzenhais. Aufgrund seiner einzigartigen Schönheit und Besonderheit ist es derzeit von der UNESCO als Weltkulturerbe anerkannt.

Die Tauchgänge gehen nie über eine bestimmte

Tiefe hinaus. Diejenigen, die tiefer gehen, sind nur Profis, aber in einer Tiefe von nur dreißig Metern kann man die schönen Stalaktiten sehen, die teilweise mehr als 12 Meter lang sind.

Die Monate vor dem Sommer sind die beste Zeit, um in diese Gegend zu reisen. Ab dem Monat März liegen die Temperaturen um die 30 Grad, wirklich perfekt für einen Urlaub in Belize.

Tatsächlich kann man neben dem Great Blue Hole auch das zweitgrößte Korallenriff der Welt besuchen, eine wahre Wonne für die Augen.

2- Antelope Canyon, Arizona

Vom Meer bis zu den Canyons, so lässt sich sagen, sind wir hier in Arizona im Land der Navajos, der Antelope Canyon ist ein wahres Wunderwerk der Natur. Geformt aus rotem Sandsteinfelsen, der im Laufe der Jahre von Wind und Wasser geformt wurde.

Der Besuch dieser Höhlen und Tunnel lässt uns die Großartigkeit der Natur erkennen. Wenn man wie mein Vater ein Liebhaber der Fotografie ist, kann man hier richtig schwelgen, denn auf Schritt und Tritt ist die Landschaft in verschiedenen und spektakulären Formen gestaltet.

Es gibt hier noch viele andere Dinge zu sehen und zu fotografieren, wie den majestätischen Grand Canyon und das Monument Valley, ganz zu schweigen von der magischen Route66. Seid ihr bereit, euch auf den Weg in Richtung dieser gigantischen Naturgebilde zu machen und die Natur hautnah zu erleben? Ich kann euch versichern, dass das Gefühl ist, in einer anderen Welt zu sein!

3- Paris, die Hauptstadt der Liebe

Was gibt es Schöneres, als sich nach dem Meer und dem Monument Valley in den Straßen von Paris zu verlaufen, dem Duft der wunderbaren Süßigkeiten nachzujagen und sich dann zu verirren, um die architektonischen und künstlerischen Schönheiten zu bewundern.

Viele Reisende bezeichnen sie als die schönste

Stadt der Welt, sie ist seit langem eine Muse für Künstler und Maler und auch die Hauptstadt der Eleganz. Hier treffen viele Kulturen aufeinander und ein Spaziergang durch die malerischen und charakteristischen Straßen lässt einen den Mythos erahnen, der über der Stadt schwebt.

Man hat die Qual der Wahl, was es zu sehen gibt, vom Louvre bis zum Eiffelturm, vorbei am Mont Martre. Sie gilt seit jeher als die Hauptstadt der Liebe, aber sie ist voll von Aktivitäten für jeden Touristen, vom Kunstliebhaber an. Das Museumserbe ist wirklich immens, zum Beispiel kann man im Keller des Museums die originalen Wände der Vergangenheit sehen. Der Louvre beherbergt die Mona Lisa und viele andere Werke, für deren Besichtigung man mindestens einen Tag reservieren muss, ein Museum, das dank der Glaspyramide Antike und Moderne integriert.

Ein weiteres Symbol von Paris ist der Eiffelturm,

ein spektakulärer Eisenturm, der am 31. März 1889 fertiggestellt wurde und für den mehr als 18.000 Metallteile verwendet wurden. Es ist nicht nur tagsüber schön, sondern auch bei Nacht, wenn die Lichter das Ganze wirklich spektakulär machen!

Der Turm ist aus gut drei Etagen zusammengesetzt, er kann durch die Treppen oder mit dem Aufzug bestiegen werden. Das Panorama aus dieser Höhe lohnt sich in der Tat, und wenn es dann nicht hinuntergehen will, kann man ein wenig dort oben bleiben und das Café und das Restaurant für einen wirklich unvergesslichen Tag nutzen.

4- Norwegisches Glamping

Es konnte nicht unter den verschiedenen Destinationen diese Erfahrung verpassen, wenn es schon immer euer Traum war, mitten in der Natur in einer Glaskuppel in Norwegen zu bleiben, könnt ihr es tun!

Glamping ist ein Mittelding zwischen einem Fünf-Sterne-Hotel und einem voll ausgestatteten

Campingplatz. Dieser Trend befriedigt alle, die gerne mit der Natur in Kontakt sind, ohne die Mühen des traditionellen Campings auf sich nehmen zu müssen.

In Norwegen gibt es nicht nur eine Art des Einspannens, sondern man kann zwischen verschiedenen Erlebnissen wählen, die alle Spaß machen und in ihrer Art einzigartig sind, ohne dass man dabei auf Komfort verzichten muss. Alle Einrichtungen sind voll ausgestattet mit bequemen Betten, Strom, manchmal sogar einem Kamin, so dass man in Norwegen zu jeder Jahreszeit in die Natur eintauchen kann. Eine Kuppel mit einer schönen Aussicht inmitten der norwegischen Natur kann der Beginn eines unvergesslichen Urlaubs sein!

5- Die Kreuzfahrt

Als letzte Station dachte ich an eine schöne Kreuzfahrt. Ich möchte keine bestimmte vorschlagen, weil ich glaube, dass jede von ihnen fantastisch ist, je nachdem, welche Erfahrung sie bietet. Ihr könnt eine Route durch die norwegischen Fjorde wählen, oder ein Ziel, das die Küsten von Sizilien und Tunesien berührt.

Der fantastische Aspekt der Kreuzfahrt ist, dass man in ein paar Tagen oder mehr, je nach Reiseziel, viele verschiedene Städte mit Ausflügen besuchen kann, die vom Personal des Schiffes organisiert werden. Während der Reise steht euch jeder Komfort und jede Verwöhnung zur Verfügung, ein Erlebnis, das man unbedingt machen und wiederholen sollte, denn ihr solltet wissen, wenn man anfängt zu reisen, dann hört man nicht mehr auf!

Und dann...

Das Ende einer Reise ist immer der Beginn einer anderen. Das Leben sollte als das schönste aller Abenteuer gelebt werden, und wenn du den Ruhestand erreicht hast, dann sei dir bewusst, dass du am Anfang einer weiteren fantastischen Reise stehst, auf der du endlich das tun kannst, was dir am besten gefällt.

Eine langsame Leidenschaft

Kreativität ist ansteckend. Gib sie weiter.

(Albert Einstein)

Bitte lass dich vom Titel dieses Kapitels nicht täuschen, es geht um Leidenschaft in einer anderen Tonart. Vor einigen Monaten traf ich Evelina, eine sehr gute Freundin meiner Tante. Bei einem Schluck Kaffee und ein paar Keksen wurde ich von ihrer Leidenschaft für Seife in den Bann gezogen. Sie schenkte meiner Tante einen Korb voll mit diesen Düften, der Wohlgeruch, den sie verströmten, war unglaublich, also wollte ich, dass sie mir alles über diese Leidenschaft erzählt.

Wie ihr verstehen könnt, konnte ich nicht umhin, sie in dieses Buch aufzunehmen, und zwar aus zwei Gründen, auch wenn es noch viele andere gibt: Erstens handelt es sich um eine ethische und natürliche Wahl, denn **wenn man seine Seife selbst herstellt**, spart man den Verbrauch von Plastik und all den ungesunden Stoffen, die in Seifen enthalten sind, wie Palm- oder Kokosnussöl.

Der zweite Grund ist der Spaß: Bei der Herstellung von Seife kann man seiner Kreativität freien Lauf lassen, wenn es darum geht, ätherische Öle oder Naturprodukte zu verwenden, um die Seife noch schöner zu machen.

Die Verwendung von Seife muss uns nicht das Gefühl geben, altmodisch zu sein, im Gegenteil, es ist eine klare ökologische Entscheidung, die erhebliche Auswirkungen haben kann, wenn sich eine große Zahl von Menschen für diese Trendwende entscheidet.

Für die Verpackung dieser Seifen wird viel Plastik verwendet, und nur wenige von uns wenden eine Wiederverwendungsstrategie an, so dass wir, auch wenn wir nicht daran denken, zur Umweltverschmutzung beitragen.

Es ist alles eine Frage der Gewohnheit, man denkt, dass es praktischer und bequemer ist, ein flüssiges Produkt zu benutzen, obwohl es das nicht ist. Vor dem Aufkommen der Flüssigseife haben wir uns alle mit Seifenstücken gewaschen, die auf dem Waschbecken oder in der Dusche lagen und wirklich fantastische Düfte verströmten. So sehr, dass ich mich an die Angewohnheit meiner Großmutter erinnere, ihre Ersatzseifen zwischen den Kleidern aufzubewahren, so dass man jedes Mal, wenn sie den Kleiderschrank öffnete, einen angenehmen Duft wahrnehmen konnte... dann änderten sich mit der Zeit die Gewohnheiten und all das war weg.

Das Seifenstück ist auch eine ideale Wahl für Reisen, da es keine Beschränkungen beim Einsteigen gibt, wie es beispielsweise bei Flüssigkeiten der Fall ist. Es gibt auch einen falschen Mythos zu zerstreuen, der besagt, dass der Flüssigseifenspender „hygienischer" ist, denn wenn man die Bakterienbelastung analysiert, ist sie dieselbe, und die Tatsache, dass man die Seife berührt, macht sie nicht weniger gesund.

Das Seifenstück ist kostengünstiger als Seife, und wenn man anfängt, seine eigene Seifenstücke zu Hause herzustellen, sind die Einsparungen und die Qualität viel größer!

Evelina war so nett, ihre Methode mit mir zu teilen, und ich muss euch sagen, dass ich sie sehr lustig fand... nicht nur ich, sondern auch mein Vater, denn jetzt haben wir so viele Seifenstücke, dass wir an Weihnachten kein Problem mit Geschenken haben.

Es handelt sich um ein natürliches Verfahren, bei dem feste Marseiller Seife verwendet wird, die für die Verarbeitung zu Flocken zerkleinert wird.

Bitte achte darauf, dass die Marseiller Seife von guter Qualität ist. Es ist wichtig, dass sie Olivenöl enthält, das auf dem Etikett als „Natriumolivat" angegeben ist, sie darf kein

Palmöl, Kokosöl oder tierische Fette enthalten.

Das Rezept, das wir verwenden, ist folgendes:
- 300 ml Marseiller Seife
- 250ml destilliertes Wasser
- 7/8 Tropfen eines ätherischen Öls deiner Wahl
- 12 ml Jojoba- oder Mandelöl
- Natürliche Farbstoffe, Gewürze, getrocknete Blumen usw.

Die Werkzeuge für die Seifenherstellung sind: ein Holzlöffel, kleine Töpfe in verschiedenen Größen zum Schmelzen der Seife im Wasserbad und Formen. Versuchen wir nun, besser zu verstehen, wie wir mit dem Prozess vorgehen können.

Die Marseiller Seife wird zu Flocken zerkleinert und dann im Wasserbad geschmolzen, bis die Seife eine gewisse Dichte hat. Dann wird das Wasser nach und nach zugegeben, gefolgt von

Jojoba- oder Mandelöl, und schließlich werden die Farbstoffe, Gewürze oder Blumen zugegeben, je nach der Art der Seife, die wir herstellen wollen.

Wenn die Seife gut homogenisiert ist, wird sie in Formen gegossen und vor der Verwendung bis zu zwei Monate lang ruhen gelassen. In den wärmeren Monaten wird die Festigungszeit wahrscheinlich etwas kürzer sein als in den kälteren oder feuchteren Monaten.

Mein Vater spezialisierte sich auf Lavendelseife, für die er keine Farbstoffe verwendet, sondern nur Marseiller Seife, Jojobaöl, ätherisches Lavendelöl und als Dekoration getrockneten Lavendel auf der Oberfläche.

Der Duft ist sensationell und die Qualität auch... jetzt braucht ihr nur noch zu versuchen, eure eigenen Seifen zu erstellen und Spaß daran zu haben.

Techno-Großeltern

Wenn du einen Menschen wirklich kennen lernen willst, schau dir seine Festplatte an!

(Giovanni Gentili)

Mein Vater verfügte in seiner Jugend nicht über all die Technologien, die heute unser Leben bereichern. Ich selbst wurde auch nicht in einer technologischen Ära geboren, und auch für mich war es eine ziemliche Umstellung, wenn auch weniger traumatisch als für meine Eltern.

Das Großartige an der Technologie, auch wenn sie von vielen verteufelt wird, ist, dass sie uns so viele Dinge ermöglicht. In diesem Kapitel werde ich die wichtigsten und unter einem bestimmten Gesichtspunkt auch nützlichen aufzählen.

Die fantastischen Fünf:

1. **Die Freude am Lesen; das E-Book**

Bücher sind wunderschön, sie anzufassen und das Papier zu riechen, weckt in mir immer wunderbare Gefühle, aber nicht alle von uns haben große Häuser, in denen wir alle unsere Lieblingsbücher aufbewahren können. Aus diesem Grund kaufte ich meinem Vater ein E-Book, das er zunächst auf dem Schrank im Wohnzimmer liegen ließ, als wäre es ein Fremdkörper, eine Beleidigung für seine geliebten Bücher.

Nach ein paar Wochen begann er mich zu fragen, wie es funktioniert und wie man Bücher herunterlädt. Ihr werdet es kaum glauben, aber als ich eines Tages nach Hause kam, fand ich ihn mit seinem E-Book völlig in die Lektüre vertieft.

Die Vorteile von E-Books sind vielfältig. Der erste ist der Platz: Wir können eine ganze Bibliothek in einem kleinen Gerät aufbewahren. Der zweite Punkt sind die Kosten: Die Einsparungen beim Kauf von E-Books werden bedeutend, wenn man eine gute Lesegewohnheit hat. Drittens kann man überall lesen, am Strand, nachts im Bett, ohne Probleme mit dem Gewicht (manche Bücher sind nicht gerade leicht) oder der Helligkeit zu haben, denn auch im Dunkeln kann man sehr gut lesen.

Ich kann euch versichern, dass mich kein E-Book-Unternehmen für diese Worte bezahlt hat, sondern dass es sich um Vorteile handelt, die ich nicht nur selbst erfahren habe, sondern auch mein Vater, der seinen E-Book-Reader anfangs als Fremdkörper betrachtete.

2. Die Schönheit der sozialen Medien

Soziale Medien ermöglichen mehr Verbindungen. Als er seine Facebook-Seite öffnete, suchte mein Vater als Erstes nach Menschen, von denen er schon lange nichts mehr gehört hatte. Es ist eine gute Möglichkeit, auf dem Laufenden zu bleiben und gleichzeitig den Kontakt zu Menschen nicht zu verlieren, die wir im Leben getroffen haben.

Es gibt nicht nur Facebook, wir können verschiedene Arten erkunden. Wichtig ist, dass man sparsam damit umgeht. Es ist falsch, seine gesamte Zeit in den sozialen Medien zu verbringen und zu glauben, dass sich das Leben um diese Kanäle dreht. Ich würde also sagen: Soziale Medien ja, aber Vorsicht vor der Sucht!

Ich gebe eine Empfehlung zum Wohle aller: Versucht, nicht in die Schleife der standardisierten „Guten Morgen"- und „Gute Nacht"-Nachrichten für jeden Kontakt einzusteigen, denn ich kann euch versichern, dass ihr riskiert, nicht von den sozialen Netzwerken blockiert zu werden, sondern von denen, die euch kennen. Ich habe meinen Vater 15 Tage lang blockiert... wegen der bereits erwähnten Nachrichten!

Scherz beiseite, es steht jedem frei zu schreiben, was er will, aber ich persönlich finde eine standardisierte Nachricht, vor allem wenn sie immer wieder wiederholt wird, ziemlich nervig. Es ist viel besser, direkt zu schreiben: „Hallo, wie geht es dir?" oder „Ich wünsche dir eine gute Nacht", als die gleichen Bilder ohne jegliche Kreativität zu versenden.

3. Die neuen Fotografen

Die Nutzung von Smartphones hat uns alle ein bisschen mehr zu Fotografen gemacht. Die leistungsfähigeren und ausgefeilteren Objektive ermöglichen es uns, überall zu fotografieren, nicht zuletzt, weil wir unser Mobiltelefon immer dabei haben, während die Kamera uns nicht immer bei jedem Ausflug begleitet, was ein Nachteil sein kann, weil man einen guten Moment nicht festhalten kann.

Dank dieser Leidenschaft hat mein Vater eine Schublade voller USB-Sticks, auf die er Fotos herunterlädt, um sie dann mit viel Spaß zu verbessern und in Alben, Fotobücher und

Lesezeichen zu verwandeln. Kurz gesagt, wie ihr euch vielleicht schon vorstellen könnt, macht er damit von allem etwas.

Wenn man ein Foto macht, hält man nicht nur ein Bild fest, sondern auch Worte, Düfte und die Atmosphäre, die man an diesem Tag erlebt hat. Unter den verschiedenen Künsten ist die Fotografie eine der wenigen, die es uns ermöglicht, die Zeit festzuhalten und uns durch ein Bild an wichtige Momente unseres Lebens zu erinnern.

4. **Alles in der App**

Die Technologie hat auch eine andere „nützliche" Seite: die Apps. Es gibt alle Arten von Apps, von Spielen bis zu Shopping-Apps und vieles mehr. Für meinen Vater ist der Play Store zu einem Rummelplatz geworden, auf dem er unzählige Apps herunterladen und ausprobieren kann.

Spiele waren seine größte Leidenschaft, so dass er seine Freunde sogar zu Sudoku-Spielen herausforderte.

Er hat endlich die vielen Einkaufskarten in einer Schublade vergessen, weil er sie dank einer App alle dort aufbewahrt. Wenn er eine neue herunterlädt, rennt er zu mir und freut sich wie ein kleines Kind, das gerade ein Spielzeugauto bekommen hat.

So gesehen hat uns die Technologie vieles vereinfacht und zum Vergnügen gemacht, und oft sitzen wir abends auf dem Sofa und stöbern in den verschiedenen Online-Shops. Es ist ein Zeitvertreib und alles in allem gar nicht so schlecht nach einem Leben, das mit Arbeit verbracht wurde!

5. **Online-Dating**

Dieser Punkt ist den Singles gewidmet, falls ihr einen Seitensprung machen wollt, keine Sorge, ich kann euch nicht hören! Der Wunsch, sich wieder zu verlieben, ist wohl zeitlos, vor allem, wenn man eine Zeit lang allein war, die Kinder aus dem Haus sind und jeder Tag ein bisschen traurig erscheint, wenn man ihn mit niemandem teilen kann.

Im Internet gibt es viele Online-Dating-Seiten (es ist cooler, das auf Englisch zu schreiben, aber in Wirklichkeit geht es immer darum, jemanden kennenzulernen). Da es so viele davon gibt, empfehle ich euch, euch auf die älteren oder sichereren zu verlassen, damit ihr keine Enttäuschung mit Leuten erlebt, die kein Interesse haben oder die ein Online-Profil nur haben, um sich einen Vorteil zu verschaffen.

Im Alter von sechzig Jahren wissen wir, was wir von einer Beziehung wollen, wir wollen keine Zeit mehr verschwenden und uns nicht mehr verarschen lassen. Auch wenn die neue Beziehung nicht zu einer Lebensgemeinschaft wird, weil jeder seinen eigenen Raum oder sein eigenes Haus liebt, ist es doch schön, gemeinsame Abende zu verbringen, einen Urlaub zu planen oder jemandem von seinen Träumen zu erzählen. Wenn ihr also einsam seid, solltet ihr vielleicht darüber nachdenken!

Warum denn nicht?

Ohne Wagemut würde das Unmögliche jeden Flecken Erde bedecken.

(Bernard Fontenelle)

Wenn ihr den Schwerpunkt dieses Kapitels verstanden habt, wird ein Teil von euch die Seite umblättern und ein anderer Teil wird neugierig weiterlesen. Ich wollte den Titel „Warum denn nicht?" wählen, weil ich an die Entscheidungsfreiheit eines jeden Menschen glaube.

Das Thema des Kapitels ist die Freiheit, einen FKK-Strand aufzusuchen, wobei diese

Entscheidung nicht aus Voyeurismus, sondern aus dem Wunsch heraus getroffen wird, sich mit seinem Körper frei zu fühlen.

Die Franzosen waren die ersten, die diese Räume schufen, in denen man nackt baden konnte. Um sich in diesen Räumen wohl zu fühlen, braucht man eine gewisse geistige Freiheit und eine gute Portion Selbstvertrauen.

Für diese Strände gelten ganz besondere Regeln. Schauen wir sie uns gemeinsam an:

- Geschlechtsverkehr ist nicht erlaubt
- Selbstbefriedigung ist nicht erlaubt

- Das Fotografieren von nackten Menschen ist nicht erlaubt
- Es ist nicht erlaubt, Männer oder Frauen zu belästigen, die Tatsache, dass sie „nackt" sind, bedeutet keine größere Verfügbarkeit
- Es ist nicht gestattet, den ausgewiesenen Bereich zu verlassen und sich nackt zu bewegen.

Nudist zu sein bedeutet, eine größere Freiheit ohne Schamgefühl ausdrücken zu können. Für Nudisten ist es nicht seltsam, nackt zu sein, was auf dieser Seite seltsam ist, ist auf der anderen Seite sozusagen nicht seltsam.

Versuchen wir auch zu verstehen, woher die Scham kommt. Es mag nicht für jeden leicht sein, sich nackt auszuziehen und sich unter FKK-Anhängern zu bewegen, und wenn man sich wie ein Fisch auf dem Trockenen fühlt, ist es wichtig, die Gründe dafür zu verstehen.

Woher kommt das Schamgefühl?

Das, was wir Scham nennen, ist im Wesentlichen eine erlernte Emotion, wir werden nicht mit diesem Gefühl geboren, wir konstruieren es sozial. Dieser Konstruktion liegt zweifellos die Einschätzung des eigenen Wertes, d. h. des Selbst, zugrunde. Wir erleben dieses Gefühl, wenn etwas an uns nicht dem gängigen Denken entspricht. Sie führt auch zu einer Angst vor Glaubwürdigkeitsverlust und Verurteilung, die uns verletzlicher macht.

Scham hat eine uralte Wurzel. Die ersten Manifestationen treten etwa im Alter von zwei Jahren auf, wenn sich das Selbstbewusstsein und die Wahrnehmung der Urteilskraft zu entwickeln beginnen.

In diesem Alter ist der andere Faktor die erzieherische Struktur, die wir um uns herum haben, und in einigen Fällen kann dies dazu beitragen, dass wir uns mehr schämen, wenn wir etwas außerhalb der normalen Muster tun wollen.

Neben Schamgefühlen werden wahrscheinlich auch Schuldgefühle bezüglich der beabsichtigten Handlung empfunden.

In dieser Hinsicht bin ich der Meinung, dass jeder Mensch in seinen Entscheidungen frei sein sollte, es ist nichts Falsches daran, einen FKK-Strand zu besuchen, auch wenn es nur einmal ist. Ich glaube, dass diese Erfahrung eine große persönliche Bereicherung darstellen kann. Sich von Scham und Schuldgefühlen befreien zu können, kann einen wirklich beflügeln.

Nun, wenn wir es geschafft haben, diese Stimmungen zu überwinden, ist es an der Zeit, herauszufinden, wo diese Strände sind. Um viele von ihnen zu erreichen, braucht man auch ein Flugzeug, aber kein Problem, uns fehlt es nicht an Zeit und wir müssen nicht einmal um Urlaub bitten, oder?

Trommelwirbel:

- Australien
- Dänemark
- Kroatien
- Spanien
- Schweden

Und wenn ihr ins schöne Italien reisen wollt, geht zu:

- Rom, Capocotta
- Romagnolische Riviera, Lido di Dante

Wer von euch hat den Trommelwirbel gehört? Das ist ein fantastischer Effekt des Geistes, aber darüber werde ich in einem anderen Buch berichten.

Denkt daran, dass das Nacktwandern an einem FKK-Strand niemals eine Frage des Exhibitionismus ist, sondern reine Meinungsfreiheit mit Respekt für alle!

Mach's wie Wim

Wenn der Mensch seine Grenzen kennen würde, würde er immer noch in Höhlen leben.

(Roberto Gervaso)

Nicht jeder kennt Wim, den Mann mit dem Spitznamen „Eis-Holländer", der erstaunliche Leistungen vollbracht hat. Eine davon ist die

Fähigkeit, in eiskaltes Wasser einzutauchen und dort eine ganze Weile zu bleiben.

Das Hauptziel von Wim Hof ist es, zu beweisen, dass Körper und Geist kontrolliert werden können. Es ist unbestreitbar, dass seine Leistungen das Interesse vieler Experten geweckt haben, die von diesen Fähigkeiten fasziniert sind.

Seine Methode wurde 1995 geboren, als seine Frau in einer psychopathischen Krise starb. Von diesem Moment an begann sich seine Einstellung zum Leben zu ändern. Er musste sich um seine vier Kinder kümmern, und die Schwierigkeiten, mit denen er konfrontiert wurde, brachten ihn dazu, an Willenskraft zu glauben, verbunden mit der festen Überzeugung, dass es möglich ist, Körper und Geist zu kontrollieren.

Seine Mission ist es, zu beweisen, dass Willenskraft Großes bewirken kann. Also strengt er sich wirklich an und beginnt jeden Tag mit einer speziellen Atemtechnik zu trainieren.

Der Spitzname „**Eis-Mann**" wurde ihm gegeben, weil er lange in der Kälte ausharren kann, was nicht einfach ist und viel körperliche Vorbereitung erfordert.

Die dabei verwendete Atemtechnik hat eine direkte Wirkung auf das Immun- und Nervensystem. Das bedeutet, dass jeder mit der richtigen Methode bestimmte Aspekte des Körpers mit positiven Auswirkungen auf die Gesundheit regulieren kann.

Die Atemtechnik von Wim hilft, Entzündungen und Stress zu reduzieren. Die Vorteile der „richtigen" Atmung lassen sich auch in anderen Disziplinen wie Meditation und Yoga beobachten.

Laut Wim hat der Mensch das notwendige Wissen über die Natur verloren, wir versuchen gar nicht mehr, uns anzupassen, sondern suchen immer nach einer sicheren Komfortzone.

So sehr, dass wir Heizungen und Klimaanlagen übermäßig benutzen, sogar unsere Ernährung ist nicht ganz gesund, wenn wir industrielle Lebensmittel wählen und die saisonalen vergessen.

Manchmal wirkt die Reaktion der Natur auf menschliche Entscheidungen ein wenig katastrophal.

Aber was macht Wim letztendlich? Dank einer Kältetherapie kann er in der extremen Kälte überleben.

Die Muskeln, die die Venen umgeben, ziehen sich zusammen. Dieser Mechanismus fördert die Durchblutung und reduziert gleichzeitig die Herzfrequenz. Dadurch wird die Atmung besser moduliert und die Sauerstoffmenge im Blut erhöht. Dies führt zu mehr Energie und verbessert die Reaktion des Immunsystems.

Er nutzt auch Meditation, um seine Ziele zu erreichen. Im Grunde genommen besteht Wims Philosophie darin, jeden Tag voll und ganz zu leben, um den Schmerz durch die Kraft des Lebens zu beseitigen.

Natürlich ist der Titel „Mach's wie Wim" völlig ironisch gemeint, denn niemand, der nicht richtig trainiert hat, sollte an seine Grenzen gehen, denn das Schöne am Ruhestand ist ja gerade, ihn so lange wie möglich zu genießen!

Wims Geschichte sollte uns auch zu einer anderen Überlegung führen: Die meisten Grenzen werden von uns auferlegt, auch wenn wir manchmal Mars und Venus dafür verantwortlich machen.

Die verfügbare Zeit sollte eine Einladung sein, sich ein wenig besser kennenzulernen, neue Möglichkeiten zu entdecken, wo wir vorher nur Mauern gesehen haben.

☐

Besorg dir ein Wohnmobil

Wenn man lange Zeit an einem Ort lebt, wird man blind, weil man nichts mehr sieht. Ich reise, um nicht blind zu werden.

(Josef Koudelka)

Das Wohnmobil war für mich schon immer der Inbegriff von absoluter Freiheit, die pure Freude am Reisen.

Es besteht kein Zweifel, dass im Laufe des Arbeitslebens die Entscheidung für eine so wichtige Anschaffung immer wieder aufgeschoben wird, sowohl gebrauchte als auch neue Modelle kosten nicht wenig und wenn man an die tatsächliche Nutzungsdauer denkt...

Hier wird die Option ausgelöst, die uns dazu bringt, „vielleicht morgen" zu sagen.

Aber mit dem Eintritt in den Ruhestand kommen neue Möglichkeiten, die Liquidation zu verbringen und die Zeit angenehm zu investieren, von denen eine zweifellos die Möglichkeit eines Wohnmobils ist.

Das Reisen im Wohnmobil vermittelt ein Gefühl von Abenteuer, man kann sich selbst organisieren, wie man will, und die vierbeinigen

Freunde können mitfahren. Schließlich ist es ein bisschen wie zu Hause, nur mit dem Vorteil, dass man jeden Tag eine andere Aussicht hat. (Ein nicht unbedeutendes Detail!)

Es ist ein Urlaub, in dem man sich nicht langweilt, man kann kleine Dörfer oder große Städte erkunden. Außerdem kann man sich so von den üblichen Orten entfernen. Eine gute Organisation ist unerlässlich, denn auf diesen Reisen kann man nicht improvisieren.

Es ist ratsam, vor der Abreise zumindest eine Reiseroute mit den verschiedenen Zwischenstopps festzulegen, an denen man auch an einem sicheren Ort übernachten kann.

Mit dem Wohnmobil braucht man nicht auf Komfort zu verzichten. Ihr könnt essen, wann ihr wollt, und wenn ihr müde seid, könnt ihr euch ausruhen.

Wir können unsere Leidenschaften mitnehmen, solange sie in das Wohnmobil passen.

Wenn wir planen, Deutschland länger als sechs Monate zu erkunden, sind die Ersparnisse zweifellos auch nicht ganz unbedeutend. Ältere Kinder und die Befreiung von beruflichen Verpflichtungen geben uns endlich eine große Freiheit!

Auf Reisen kann man nicht nur schöne Landschaften genießen, sondern auch Freundschaften schließen und schöne Abende verbringen, um das Leben und den lang ersehnten Ruhestand zu genießen.

Wenn du also die Zeit hast, eine gute Rente bekommst und der Partner deines Lebens hinter dir steht, dann sage ich: Warum nicht? Besorg dir ein Wohnmobil!

☐

Friede sei mit dir oder deinem Spiegel

Keine andere Freude ist größer als der Frieden.

(Buddha)

Wir leben in einer so hektischen Welt, dass wir, wenn wir von innerem Frieden sprechen, Gefahr laufen, uns der Utopie anzunähern. Wenn wir den Tag mit Dingen füllen, die wir erledigen müssen, ohne uns um uns selbst zu kümmern, riskieren wir, ein großes Gefühl der Leere zu verspüren.

Dieses Gefühl der Leere wird von wachsender Unzufriedenheit begleitet. Wenn wir also auch als Rentner ein solches Leben führen, ist es an der Zeit zu sagen, dass es genug ist.

Im Ruhestand zu sein, berechtigt die Menschen um uns herum nicht dazu, unseren Terminkalender zu füllen, und das sollten wir niemals zulassen, wenn wir uns lieben.

Wir sollten auch nicht auf der Suche nach einem Ideal der Vollkommenheit verharren, einfach weil es dieses nicht gibt! Richten wir also unseren Blick darauf, inneren Frieden zu finden. Die Menschen neigen dazu, Ruhe mit Frieden zu verwechseln, aber es ist gut zu wissen, dass das nicht dasselbe ist. Innerer Frieden hat mit einem Gefühl des Wohlbefindens zu tun, das von innen kommt.

Der Friede ist nicht künstlich, dieser Ort erlaubt es uns, Ängste und Stress, die Hauptursachen für all unsere Unannehmlichkeiten, hinter uns zu lassen. Der Frieden, von dem ich spreche, ist rein subjektiver Natur, bei dem wir in der Lage sind, die Schönheit um uns herum zu bewundern. Wir sind durch die Beobachtung der negativen Dinge so geprägt, dass wir die positiven nicht mehr erkennen können.

Wenn wir diesen „Nicht-Ort" in uns selbst erreichen, erkennen wir, dass negative Gedanken keine Rolle mehr spielen. Das bedeutet nicht, ihre Existenz zu leugnen, sondern ihnen den ihnen gebührenden Platz einzuräumen, der nicht darin besteht, unser Wesen zu beherrschen.

Innerer Frieden wird durch größere Kontrolle

erreicht. Es ist normal, dass im Leben Probleme auftreten, der Unterschied liegt darin, wie wir mit ihnen umgehen.

Wenn wir uns für eine externe Kontrolle entscheiden, bei der wir glauben, dass jedes Element uns beeinflussen kann, werden wir mit großer Wahrscheinlichkeit jedes Ereignis schlecht erleben.

Menschen, die diese Art von Kontrolle anwenden, sind wie Blätter im Wind, es braucht wenig, um sie umzuwerfen, und selbst dann neigen sie dazu, die Ursachen in äußeren Ereignissen zu suchen.

Wenn die Kontrolle jedoch von innen kommt, beginnen sich die Dinge zu verändern, und wir entscheiden, was sich lohnt und was nicht. In gewisser Weise haben wir die Zügel unseres Lebens in der Hand und können seine Richtung bestimmen.

Wenn man inneren Frieden erreichen will, muss man eine Wahl treffen. Es ist ein Weg, der viel harte Arbeit erfordert und es ist wichtig zu verstehen, ob man reagieren oder leiden will.

Es gibt eine buddhistische Erzählung, die es meiner Meinung nach schafft, uns verständlich zu machen, was innerer Frieden ist und vor allem, was er nicht ist.

Die Geschichte beginnt mit einem Mönch, der beschließt, sich zum Gebet an einen abgelegenen und verlassenen Ort zurückzuziehen, um Erleuchtung und inneren Frieden zu erlangen, und er dachte, dass dieser Ort ideal sein könnte.

Es vergingen einige Jahre, die der Mönch mit Gebet und Meditation in völliger Einsamkeit verbrachte.

Eines Tages beschloss er, dass es an der Zeit war, seinem Lehrer zu danken. Die Antwort des Lehrers überraschte ihn, denn sie war voller Beleidigungen. Da er nicht glaubte, dass er dies verdiente, machte er sich erneut auf den Weg, um den Lehrer zu konfrontieren.

Als er ihn sah, sagte ihm der Lehrer, dass er ihn mit Beleidigungen geprüft habe. Hätten ein paar Worte ausgereicht, um ihn das verlieren zu lassen, womit er sich rühmte, etwas erreicht zu haben, wäre die Antwort ein und dieselbe gewesen: Er hatte in Wirklichkeit nichts erreicht! Frieden findet man nicht, indem man sich von der Welt abschottet, und ich bin überzeugt, dass diese Geschichte einen Eindruck von dem Fehler vermittelt, den viele Menschen begehen. Wir bauen unsere Sicherheit auf Kartenhäusern auf, wo nur wenig nötig ist, um alles zu zerstören.

Der beste Frieden ist der, der entsteht, wenn das Leben einen kleinen Sturm erzeugt. Es ist schwierig, einen solchen Frieden zu zerstören, denn seine Kraft kommt von innen.

Mit diesen acht Tipps kannst du deinen Frieden am besten entwickeln:

1. Man muss nach innen und nicht nach außen schauen

Wir neigen dazu, die meiste Zeit des Tages mit Aktivitäten im Freien zu verbringen und uns nur wenig Zeit für das zu nehmen, was wir im Haus haben. Wie fühlst du dich, wenn du eine negative Fernsehsendung hörst? Ich wette, du bist in gewisser Weise davon beeinflusst. Dieser „Einfluss" wird wie Klebstoff für unsere Seele, weil er uns bedingt.

Deshalb soll man ungiftige Gewohnheiten entwickeln, die es einem ermöglichen, Zeit mit sich selbst zu verbringen. Darum geht es beim inneren Frieden - sich mit den Gedanken und Gefühlen, die wir empfinden, wohl zu fühlen.

2. Negativität muss akzeptiert und losgelassen werden

Wer einen guten inneren Frieden hat, steuert seine Emotionen mit einem gewissen Gleichgewicht. Negativität ist ein Element, das existiert; sie kann nicht beseitigt werden, aber es ist wichtig, sie zu akzeptieren und dann loszulassen, ohne ihr zu erlauben, in unsere Gedanken und Seelen einzudringen. Wir werden niemals durch einen Gedanken an sich geschädigt, sondern durch die Anhaftung, die wir an ihn entwickeln.

3. Vermeide Kritik

Kritik ist eine schlechte Angewohnheit, denn sie macht uns mit allem unzufrieden, und insbesondere negative Kritik ist der Feind Nummer eins unseres inneren Friedens. Kritik, die darauf abzielt, uns zu verletzen, sollte gar nicht erst gehört werden. Konstruktive Kritik sollte als nützlich angesehen werden, sie ist nicht dazu da, uns zu verletzen, sondern um uns zu helfen, uns weiterzuentwickeln und zu wachsen. Im Leben lernt man nie aus, auch nicht im Ruhestand.

4. **Wähle die Einfachheit**

Es hat keinen Sinn, unser Leben zu verkomplizieren, wenn wir es einfacher gestalten können. Ab und zu ist es wirklich gut für die Seele, innezuhalten und sich zu fragen, ob wir das, was wir tun, mögen oder nicht. Bei der Reife geht es nicht darum, viele Dinge tun zu können, sondern vielmehr darum, die Dinge, die wir bereits tun, zu vereinfachen... Mehr Zeit für uns selbst, das ist der Schlüssel zum Glück.

5. **Fördere ein Gefühl der Dankbarkeit**

Wir sind so sehr daran gewöhnt, zu fordern, dass wir vergessen, für das, was wir haben, zu danken. Dankbarkeit ist eine nützliche Übung, die uns hilft, zu schätzen, so dass wir statt zu klagen ein neues Gleichgewicht fördern können. Für die Praxis der Dankbarkeit ist es nützlich, ein Tagebuch zu führen, in das man seine Gedanken einträgt, so dass man auch an den trübsten Tagen die Schönheit erkennen kann.

6.   Man muss nicht immer etwas erwarten
Wenn wir geben, entwickeln wir die Tendenz, uns zu wünschen, dass wir das Gegebene zurückbekommen. Wenn wir in dieser Erwartung leben, wissen wir nicht einmal das Geschenk zu schätzen, das wir gegeben haben. Ich habe viele unglückliche Menschen gekannt, die leider zwischenmenschliche Beziehungen mit geschäftlichen verwechselt haben. Eine gute Tat ist an sich erfreulich, nicht wegen der möglichen Folgen, die es geben kann oder auch nicht.

7.   Lebe die Gegenwart in vollen Zügen
Was ich dir jetzt erzähle, mag dir unglaublich vorkommen, aber die meisten Menschen leben nur physisch in dieser Zeit, während ihr Verstand woanders ist. Wie oft fällt dir auf, dass du an die Vergangenheit oder die Zukunft

denkst, wenn du etwas tust?

Wenn man sein Gehirn auf diese Weise einsetzt, kann man nicht voll in der Gegenwart leben und das Leben nicht genießen. Versuche, eine Pizza zu essen, während du an etwas Vergangenes denkst, und esse sie bewusst, indem du dich nur auf die Gegenwart konzentrierst. Ich kann dir garantieren, dass du neue Geschmacksrichtungen entdecken wirst, weil deine Aufmerksamkeit vollständig und total sein wird. Wenn man das mit einer Pizza machen kann, kann man das auch mit allem anderen machen, meinst du nicht?

8. Versuche loszulassen, um zur Ruhe zu kommen

Das Geheimnis ist, einfach loszulassen. Je mehr man sich an Gedanken und Emotionen klammert, desto mehr erkennt man, dass man wirklich leidet. Alles, was mit der Vergangenheit verbunden ist, muss zu dieser Zeit gehören. Es bringt nichts, sie in die Gegenwart zurückzudrängen, diese Haltung kann uns nur schaden.

Stell dir die Strömung eines Flusses vor. Wenn Wasser das Leben darstellt, ist es besser, mit dem Strom zu schwimmen, als darauf zu bestehen, gegen den Strom zu schwimmen. Jede Blockade lässt uns in einem endlosen Kampf leben, aus dem wir nur zerstört und geprüft hervorgehen. An dieser Stelle frage ich dich: Ist es das wirklich wert?

So wie unser Geist uns unruhig macht, kann er uns auch gelassen machen. Wir können unsere Gedanken wählen, und es ist wichtig, dass wir uns von Zeit zu Zeit entleeren können, um neue Energie zu tanken.

Tue, was dir Spaß macht, triff dich mit Menschen, die dir ein gutes Gefühl geben. Jedes Mal, wenn du in den Spiegel schaust, lächle die Person an, die du siehst. Das ist das Wichtigste, was du hast, nicht nur um dich selbst gut zu fühlen, sondern auch gegenüber anderen.☐

Das Schöne am Großelterndasein: Enkelkinder

Großeltern sind dafür da, zu lieben und Dinge zu reparieren.

(Anonymus)

Enkelkinder sind das Glück aller Großeltern, denn das Leben hat uns endlich reifer und weniger beschäftigt gemacht - die richtige Mischung, um den Unfug oder das feurige Temperament der Kleinen zu schätzen.

Auch wenn Enkelkinder eine Freude sind, sollten sie uns nicht unserer neu erworbenen Freiheit berauben.

Glückliche Großeltern haben eine lustige und

spielerische Funktion, man kann diese Zeit mit den Kindern nutzen, indem man lustige Aktivitäten vorschlägt, die man gemeinsam unternehmen kann, und es ist immer schön, wieder ein bisschen Kind zu sein.

Die Beziehung zwischen Großeltern und Enkelkindern ist eine ganz besondere, weil es ein größeres Maß an Komplizenschaft gibt als zwischen Kindern und Eltern, wo es mehr Regeln und Aufgaben zu erfüllen gibt.

Die Zuneigung der Großeltern ermöglicht es Kindern, glücklich aufzuwachsen. Wenn man in der frühen Kindheit ein Übermaß an Zuneigung erhält, wird man als Erwachsener selbstbewusster und widerstandsfähiger.

In gewisser Weise hält uns die Betreuung von Kindern gesund, es sei denn, wir haben ein sesshaftes Enkelkind.

Generell lieben alle Kinder Bewegung und viel zu tun, und wer ist der beste Abenteuerbegleiter, wenn nicht Opa oder Oma?

Es ist jedoch wichtig, dass die Lebensgewohnheiten der Großeltern nicht völlig durcheinander gebracht werden. Es ist zwar schön, sich um die Enkelkinder zu kümmern, aber es sollte nicht zu einer Hauptbeschäftigung werden, denn sonst wird es eher zu einer lästigen Pflicht als zu einem Vergnügen.

Zwischen Großeltern und Enkelkindern findet ein ständiger Austausch statt: Einerseits machen die Jüngeren ihre Großeltern moderner und aktiver, ohne dass diese sich in Erinnerungen an die Vergangenheit zurückziehen müssen. Andererseits bringen die Großeltern ihren Enkelkindern die Weisheit der Erfahrung.

Großeltern stehen für die Familiengeschichte, für Wurzeln und Ursprünge, die nie vergessen werden sollten, weil sie uns ermöglichen, uns selbst wiederzuerkennen und uns ein großes Gefühl der Zugehörigkeit geben.

Diese Art von Zuneigung ist wichtig für den Aufbau einer tiefen und nützlichen Familienbindung. In einer Gesellschaft, die immer zur Eile neigt, lehrt ein langsamer Schritt manchmal mehr als tausend Geschichten.

Und ja, Großeltern wurden nicht nur geschaffen, um zu lieben, sondern auch, um Dinge zu reparieren. Neben einem großen Herzen kann man auch von ihrer Erfahrung profitieren, die sie zu den wunderbaren Menschen gemacht hat, die sie sind.

Wenn es ein Haus gibt, das man nie vergisst, dann ist es das Haus der Großeltern. Wenn du ein Großelternteil bist, ist es deine Aufgabe, es unvergesslich zu machen!

Ein interessantes Hobby: der Vogelbeobachter - Birdwatching

Der Mensch muss erkennen, dass er in der Schöpfung einen unendlich kleinen Platz einnimmt und dass keine seiner ästhetischen Erfindungen mit einem Mineral, einem Insekt oder einer Blume konkurrieren kann. Ein Vogel, ein Käfer oder ein Schmetterling verdienen die gleiche Aufmerksamkeit wie ein Gemälde von Tiziano oder Tintoretto, aber wir haben vergessen, wie man es betrachtet.

(Claude Lévi-Strauss)

Bitte seid nicht boshaft, der Titel mag irreführend sein, aber es ist nicht das, was ihr denkt. Es geht um die Vogelbeobachtung in der Natur. Durch Beobachtung kann man viele Arten entdecken, sich fit halten und Spaß haben. Wenn man mit Freunden oder einem Partner hingeht, kann es sogar noch besser sein.

Birdwatching kann in der Natur, im Wald, an Flüssen oder Seen stattfinden und hat unabhängig vom Alter eine starke pädagogische Komponente. Man bricht mit der Absicht auf, einen schönen Spaziergang zu machen, und kehrt mit einem wirklich spannenden Erlebnis mit abenteuerlicher Note nach Hause zurück.

Unser Umgang mit der Natur sollte so respektvoll wie möglich sein. Es reicht nicht aus, keinen Müll liegen zu lassen, wir müssen leise gehen, um die Tierwelt nicht zu stören, und wenn die Tiere Angst haben, verlassen sie ihre Nester nicht.

Auch die Kleidung muss angemessen sein. Es ist nicht zu empfehlen, zu grelle Farben zu verwenden: Je mehr man sich an die Umgebung anpassen kann, desto besser. Der Begriff Birdwatching stammt aus dem Englischen und bedeutet „Vogelbeobachtung". Für diejenigen, die gerne in Kontakt mit der Natur sind, ist es eine fantastische Aktivität, besonders wenn sie im Frühling oder Sommer ausgeübt wird.

Um ein Vogelbeobachter zu werden, muss man die Fauna des Ortes kennen, den man aufsuchen möchte. Im Laufe der Zeit nimmt die Leidenschaft zu, zusammen mit dem Wunsch, neue Arten in ihrer natürlichen Umgebung zu sehen.

Es handelt sich um eine Praxis, die auf eine über hundertjährige Geschichte zurückblicken kann und die jedes Jahr mehr Anhänger findet.

In Italien gibt es viele Orte, an denen man Vögel beobachten kann, wie die Lipu-Reservate, die verschiedenen Nationalparks, die Naturparks, aber auch auf dem Land ist es möglich, bestimmte Arten zu beobachten.

Die notwendige Ausrüstung besteht aus bequemer Kleidung mit möglichst natürlichen Farben. Ein Handbuch und ein Notizbuch, in dem Informationen über die Arten und die zurückgelegten Strecken gesammelt werden können; technikbegeisterte Personen können auch ein digitales Format verwenden.

Kameras sind unverzichtbar, wenn man den Moment festhalten will, und auch Ferngläser sind nützlich, um die Umgebung zu beobachten. Je nach dem Gebiet, in dem man unterwegs ist, ist es ratsam, ein Erste-Hilfe- und Warn-Set dabei zu haben, denn man kann immer stürzen und sich beim Wandern verletzen, und je nach erkundetem Gebiet sind giftige Tiere wie Vipern nicht auszuschließen; daher kann ein kleines Anti-Gift-Set wirklich lebensrettend sein.

Ein illustrierter Atlas ermöglicht es uns, Vögel gut zu unterscheiden und ihre Gewohnheiten und Lebensräume kennen zu lernen. Auf diese Weise können wir unsere Chancen erhöhen, sie zu finden.

Der Leitfaden muss auf das zu erkundende Gebiet zugeschnitten und vor allem praktisch sein, damit wir ihn mitnehmen können.

Birdwatching macht besonders viel Spaß, weil es sich mit vielen anderen Aktivitäten wie Fotografieren, Zeichnen, Angeln, Wandern oder Camping kombinieren lässt. Außerdem können wir uns so bewegen, was sich zweifellos sehr positiv auf die Gesundheit auswirkt!

Ein Tag in der Natur lädt unsere Energie wieder auf und baut Stress ab. Nicht nur der Körper wird trainiert, sondern auch das Gedächtnis und die Orientierung.

In einigen Parks gibt es auch Holzhütten, die eine stille Beobachtung ermöglichen und gleichzeitig die Umwelt respektieren.

Als „ökologische" Sportart ermöglicht sie es uns, uns wieder mit Mutter Erde zu verbinden und uns dem Land auf eine sehr emotionale Weise näher zu bringen.

Unsere Passage trägt zum Schutz der natürlichen Schönheit bei, damit sie nicht vernachlässigt wird und lebendig bleibt.

Es gibt ein paar kleine Regeln, die zu beachten sind, besonders wenn man diese Aktivität zum ersten Mal durchführt.

- Die ideale Zeit für diesen Sport ist der Morgen und der späte Nachmittag, aber die beste Zeit hängt von den Arten ab, die man beobachten möchte.
- Es ist wichtig, die Umgebung nicht zu stören, da sonst die Chancen, Arten zu entdecken, drastisch sinken können.
- Man sollte sich niemals in die Nähe der Nester begeben, da man sonst Gefahr

läuft, die Fauna zu stören und das Nisten an entlegeneren Orten zu fördern.
- Zu unserer eigenen Sicherheit ist es besser, unzugängliche Wege oder Sperrgebiete zu meiden.
- Auf jeder Wanderung muss immer eine Wasserflasche dabei sein.
- Bevor ihr euch in ein Beobachtungsgebiet begebt, solltet ihr euch über die dort vorkommenden Arten informieren, damit ihr die Vögel identifizieren könnt, wenn ihr sie seht.

Ganz gleich, ob man sich aus Neugierde nähert oder bereits Erfahrung hat, in jedem Fall ist es wichtig, der Natur Respekt zu zollen. Wer es schafft, sich ganz auf die Umwelt einzustellen, wird eine wirklich unvergessliche Erfahrung mit nach Hause nehmen.

Baue deinen eigenen Drachen

Kinder sind wie Drachen. Es kommt der Tag, an dem sie sich in die Lüfte erheben und du ihnen das Fliegen beibringen musst, indem du sie an dem dünnen Faden hältst, der sich von deinen Händen löst. Sie können mehrmals zu Boden fallen und müssen dann repariert und im Wind wieder aufgerichtet werden. Sie werden dich um immer mehr Schnur bitten, und mit jedem Meter, den sie dir aus den Händen reißt, wird sich dein Herz mit Freude und Traurigkeit füllen. Wenn der Drachen verfliegt, wirst du spüren, dass der Faden, der dich mit ihm verbindet, früher oder später reißen wird, und du wirst ihn frei und allein am Himmel des Lebens fliegen sehen. In diesem Moment wirst du erkennen, dass du deine Pflicht als Elternteil erfüllt hast, und du wirst dir wünschen, dass der Wind immer günstig für dich sein wird.

(Romano Battaglia)

Ich denke, dass das Bauen von Drachen eine sehr lustige Aktivität ist, die auch die Fantasie beflügeln kann. Drachen sind keine neue Erfindung; sie tauchten vor mehr als 2800 Jahren in China auf.

Damals wurden in China die leichtesten Materialien gefunden, die am besten für die Kraft des Windes geeignet waren. Für die Segel wurde Seide verwendet, für den Webstuhl gewebte Fäden und schließlich ein Faden, um sie in den Händen zu halten, damit sie nicht wegfliegen. Auf dem alten Kontinent ist die

Verwendung von Drachen jüngeren Datums, die ersten Belege gehen auf Marco Polo gegen Ende des 13. Jahrhunderts zurück.

Heutzutage kann man seiner Fantasie bei den vielen Modellen in verschiedenen Formen und Farben freien Lauf lassen. Ich finde, es ist ein wirklich faszinierendes Hobby, und wenn man es noch lustiger machen will, kann man es mit seinen Enkeln betreiben und sie zu einem Wettbewerb um Flug und Freiheit herausfordern.

Es ist wunderschön, seinen Drachen an einem

windigen Tag steigen zu lassen, es gibt meiner Meinung nach nichts, was mit diesem Spektakel konkurrieren kann. Ein Drachen gibt einem ein großes Gefühl der Freiheit und auch der Freude, wenn man ein kleines Kunstwerk fliegen sieht, das durch Mühe und Kreativität zum Leben erweckt wurde.

Es ist nicht nur ein Spiel für Kinder, sondern auch für Erwachsene, die sich gerne auf den Flügeln der Fantasie treiben lassen! Die wichtigste Eigenschaft eines Drachens ist die Leichtigkeit in Verbindung mit einer Struktur, die dem Wind standhält und Stürze verhindert.

Wenn ihr euch auf den Bau eures Drachens freut, solltet ihr die nächsten Schritte sorgfältig befolgen.

Die folgenden Materialien sind erforderlich:
- Zwei relativ flexible Holzstöcke
- Buntes Papier / sehr leichter Stoff
- Klebeband

- Schere und Schnur (als Alternative zur Schnur kann auch Angelschnur verwendet werden)

<u>Die Bauphasen sind wie folgt:</u>
- Die Stöcke, die wir auswählen, werden die Struktur und Größe unseres Drachens darstellen.
- Die Stöcke sollten mit Schnur oder Angelschnur zusammengebunden werden, um die Drachenstruktur zu fixieren.
- Das Papier wird ausgeschnitten, um dem Drachen die klassische Form zu geben, und dann mit Klebeband an den Stöcken befestigt.
- Wenn ihr wollt, könnt ihr mit Markern eine motivierende Botschaft auf den Drachen schreiben. Man kann die Seiten mit Papier- oder Stoffstücken verzieren.

- An der Kreuzung der Stöcke befestigen wir Schnur oder Angelschnur, damit unser Drachen frei in den Himmel fliegt.

Wenn du es übertreiben und deine Enkel in Erstaunen versetzen willst, recherchiere im Internet und versuche, einen riesigen Drachen zu bauen. Sie sind wahre Meisterwerke und es ist poetisch, sie fliegen zu sehen.

Ich hoffe, dass dieser Mini-Leitfaden von mir dich zum Schmunzeln gebracht hat und nützlich war. Meine besten Wünsche für Glück in allem, was dich erwartet!

Bevor ich es vergesse, solltest du wissen...

„Das Alter spielt keine Rolle, außer man ist ein Käse."

(Billie Burk)

www.ingramcontent.com/pod-product-compliance
Lightning Source LLC
Chambersburg PA
CBHW070647220526
45466CB00001B/329